Stephanie und Thomas Feghelm

Laubsägearbeiten
im Country-Style

ENGLISCH VERLAG

Die Deutsche Bibliothek – CIP-Einheitsaufnahme
Laubsägearbeiten im Country-Style / Stephanie und Thomas Feghelm. – Wiesbaden: Englisch, 2001
ISBN 3-8241-1121-7

© by Englisch Verlag GmbH, Wiesbaden 2001
ISBN 3-8241-1121-7
Alle Rechte vorbehalten. Nachdruck, auch auszugsweise, verboten.
Fotos: Frank Schuppelius
Herstellung: Michael Feuerer
Printed in Germany

Die Ratschläge in diesem Buch sind von den Autoren und dem Verlag sorgfältig erwogen und geprüft, dennoch kann eine Garantie nicht übernommen werden. Eine Haftung der Autoren bzw. des Verlages und seiner Beauftragten für Personen-, Sach- und Vermögensschäden ist ausgeschlossen.

Inhaltsverzeichnis

Vorwort

Holzarbeiten lassen sich aus dem Hobbybereich gar nicht mehr wegdenken, so vielseitig ist der Einsatzbereich. Ob im Haus oder im Garten, ob Ziergegenstände oder praktische Gebrauchsartikel – mit Holz lässt sich vieles leicht anfertigen und originell gestalten. Die hier gezeigten Beispiele im „amerikanischen Country-Style" erobern durch ihre eher plump-naive Form mit der liebevollen Ausarbeitung im Detail sofort die Herzen der Betrachter. Eine neue Art der Holzverarbeitung und eine etwas andere Art der Bemalung machen dieses Hobby noch interessanter, als es bisher war.

Viele der nachfolgenden Motive lassen sich auch mit wenig Erfahrung umsetzen, einige erfordern ein wenig Geduld und Übung, und andere stellen beim Bemalen eine Herausforderung dar. Jedoch sind alle Modelle so konzipiert, dass sie von jedem nachzuarbeiten sind. Grundsätzlich können Sie aber auch jedes Motiv in seiner natürlichen Holzoberfläche belassen, die Sie mit einer Schicht Bienenwachs „versiegeln" und so auch die Maserung des Holzes verstärken. Probieren Sie aus, egal, wie Sie sich entscheiden, am Ende halten Sie ein wunderschönes Stück aus Holz in Ihren Händen. Viel Spaß dabei wünschen

Stephanie und Thomas Feghelm

Material und Werkzeug

- ◆ Laubsäge oder Dekupiersäge
- ◆ Sägeblätter in verschiedenen Stärken
- ◆ Schleifpapier in verschiedenen Körnungen
- ◆ Leimholz in 18 mm Stärke
- ◆ Sperrholz in 6 mm Stärke
- ◆ Holzleim und Kraftkleber
- ◆ Bohrmaschine oder Akkuschrauber
- ◆ Bleistift
- ◆ Architektenpapier
- ◆ Wasserlösliche Bastelfarben
- ◆ Gelstifte in Schwarz und Weiß
- ◆ Pinsel in unterschiedlichen Größen
- ◆ Draht in verschiedenen Stärken
- ◆ Kleine Nägel
- ◆ Kleine Gläser (leere Marmeladengläser) zum Anrühren der Beize

Das Holz

Für die meisten Motive in diesem Buch brauchen Sie 18 mm starkes Massivholz, um den „Country-Style" richtig zu betonen. Sie erhalten dieses Holz als Leimholzplatten in Baumärkten. Sparen Sie dabei nicht an der Qualität des Holzes, und achten Sie unbedingt darauf, dass Ihr ausgewähltes Holz relativ hell ist, d.h. je weniger Astlöcher und Maserungen vorhanden sind, desto leichter lässt sich das Holz bearbeiten.

Weiterhin benötigen Sie aus dem Hobbyfachhandel Pappelsperrholz in 6 mm Stärke sowie Holzleisten und Rundholzstäbe in verschiedenen Dicken.

Die Säge

Die **Laubsäge** erfordert ein wenig Muskelkraft und wird mit Auf- und Abbewegungen durch das Holz geführt.

Drücken Sie das Sägeblatt dabei nur leicht gegen das Holz, um ein Verkanten oder gar Reißen des Blattes zu vermeiden. Mit dieser Säge lassen sich jedoch nur die dünneren Holzplatten problemlos sägen.

Für die Leimholzplatten verwenden Sie am besten eine **Dekupiersäge** d.h. eine elektrisch betriebene Laubsäge. Ein Motor ersetzt dabei die Muskelkraft der Auf- und Abbewegung des Sägeblattes.

Es gibt diese Säge in unterschiedlichen Ausführungen und Preisklassen. Mit einer solchen Säge lassen sich auch härtere Hölzer bis zur einer Stärke von 50 mm bearbeiten. Das Holz wird bei der Verarbeitung etwas fester auf den Sägetisch gedrückt und leicht gegen das Sägeblatt geführt. Eine genaue Beschreibung liegt der jeweiligen Säge bei.

Das Schleifpapier

Nach dem Aussägen der Motive werden die Seiten, wo es erforderlich ist, geglättet. Hierfür eignet sich ein Schleifpapier mit grober Körnung (z. B. 80er). Verwenden Sie für den Nachschliff ein Papier mittlerer Körnung (z. B. 120er).
Für den Oberflächenschliff (der für den „Country-Style" nicht erforderlich ist), wird ein Schleifpapier mit feiner Körnung eingesetzt (z. B. 240er).
Die Kanten werden mit einem 120er Schleifpapier „gebrochen".

Die Farben

Zum Bemalen verwenden Sie am besten **wasserlösliche Bastelfarben**, die in jedem Fall im „Country-Style" matt sein sollten. Diese Farben sind gut deckend sowie schnell trocknend und werden in unterschiedlichen Abfüllungen im Hobbyfachhandel angeboten.
Möchte man die Holzmaserung auch nach der Bemalung sehen, kann man sich aus diesen Farben sogenannte **Beizen** herstellen. Verdünnen Sie sich z. B. in einem leeren Marmeladenglas ein Teil Farbe mit 3–4 Teilen Wasser (je nach Intensität).
Exakte Farbabtrennungen können Sie aufgrund der wässrigen Konsistenz jedoch nicht erreichen. Tragen Sie deshalb immer erst die Beize auf

und anschließend die deckenden Farbaufträge, siehe Post-Vogel. Hier wurde erst der Körper mit der Beize grundiert, anschließend wurde die Farbe des Schnabels über die Beize aufgetragen.
Um die Farben dauerhaft haltbar zu machen, werden diese nach dem Trocknen mit einem **Matt-Sprühlack** versiegelt.

Die Pinsel

Verwenden Sie für den Grundauftrag (Grundierung) einen **Borstenpinsel**. Beim Einsatz von Beizen nehmen Sie einen flach gebundenen **Synthetikpinsel**.
Für Stupf- und Drybrush-Techniken eignet sich insbesondere ein rund gebundener **Drybrushpinsel** mit runder Spitze. Weiterhin brauchen Sie runde und flache Synthetikpinsel in unterschiedlichen Größen. Feinste Linien und Konturen werden mit sehr guten Resultaten mit einem Gelstift aufgetragen.

Allgemeine Grundanleitung

Die Motivübertragung

Legen Sie einen Bogen festes Transparentpapier (Architektenpapier) über den Vorlagebogen, und zeichnen Sie das gewünschte Motiv mit einem weichen Bleistift ab. Legen Sie jetzt das Architektenpapier mit der Bleistiftseite auf Ihr Holz. Fahren Sie die Linien auf der Rückseite des Architektenpapiers mit einem harten Bleistift nochmals nach. Hierdurch werden die Linien auf Ihr Holz übertragen.

In gleicher Weise übertragen Sie auch alle Linien, Gesichter usw. auf Ihr grundiertes Holz.

Das Sägen

1. mit einer Laubsäge

Befestigen Sie ein Sägetischchen mit einer Schraubzwinge an einer Tischkante. Der Schlitz und das Loch liegen vor der Tischkante. Das Motiv wird im Loch gesägt. Spannen Sie ein geeignetes Sägeblatt ein, und drehen Sie es mit den Flügelschrauben fest. Halten Sie den Sägebogen waagerecht und parallel zum Unterarm. Es wird immer nur das Holz gedreht, nicht die Säge.

2. mit einer Dekupiersäge

Spannen Sie zunächst das für diese Holzart geeignete Sägeblatt ein, und achten Sie darauf, dass die Sägezähne nach unten zeigen, um ein Ausschlagen des Holzes zu vermeiden. Sägen Sie nun entlang der Bleistiftlinie, indem Sie Ihr Holz langsam und nur ganz leicht gegen das Sägeblatt drücken. Achten Sie dabei darauf, dass Ihr Holz immer fest auf dem Sägetisch aufliegt. Lassen Sie niemals Kinder unbeaufsichtigt an einer Dekupiersäge arbeiten!

Um aus einem Motiv etwas herauszusägen, bohren Sie zunächst ein kleines Loch. Lösen Sie den oberen Teil das Sägeblattes, und führen Sie dieses durch das Bohrloch. Spannen Sie das Sägeblatt wieder ein. Nun können Sie problemlos im Motiv sägen.

Das Schleifen

Nicht immer werden beim Sägen Rundungen wirklich rund und Kanten richtig gerade. Mit einem Schleifpapier mit grober Körnung lassen sich jedoch kleine und größere Patzer schnell korrigieren. Für gerade Kanten legen Sie Ihr Schleifpapier auf einen Schleifklotz aus Holz oder Kork und schleifen damit über die längste Seite des Holzes hin und her. Um Rundungen zu korrigieren, müssen Sie an den jeweiligen Stellen individuell zurückschleifen. Kanten „brechen" Sie, indem Sie kurz mit etwas Druck direkt mit dem Schleifpapier über die Kante fahren.

Das Bohren

Beim Bohren von Löchern besteht immer die Gefahr, dass das Holz auf der Rückseite aussplittert. Um dies zu vermeiden, müssen Sie stets ein weiteres Stück Holz unterlegen.

Die Maltechniken

✦ Grundieren

Benutzen Sie einen einfachen Borstenpinsel für den Farbauftrag. Bürsten Sie die Farbe

mit etwas Druck in das Holz. So können keine „Schlieren" entstehen.
Bei der Verwendung von Beize tragen Sie diese mit einem flach gebundenen Synthetikpinsel rasch und farbsatt auf Ihr Holz auf. So vermeiden Sie Trocknungsränder.

✦ Beizen

Verdünnen Sie sich 1 Teil Farbe mit 3 – 4 Teilen Wasser (je nach Intensität) z. B. in einem leeren Marmeladenglas mit Deckel. Die Farbe lässt die Holzmaserung durchscheinen. Exakte Farbabtrennungen sind jedoch nicht möglich.

✦ Alterungs-Effekt

Soll ein Teil schon etwas abgegriffen aussehen, so schleift man nach dem Trocknen der Farbe die Kanten etwas ab. Anschließend werden diese mit verdünnter brauner Farbe und einem Papiertuch übergewischt. Ein weiterer Effekt wird durch das Aufspritzen von **Farbpünktchen** erzielt. Tauchen Sie eine Zahnbürste in etwas verdünnte braune Farbe, und streichen Sie diese in einer Richtung von sich weg über ein Spritzsieb (alternativ, aber nicht ganz so gut, ist ein Teesieb).

✦ Punkte setzen

Um gleichmäßige Punkte zur Verzierung zu setzen, brauchen Sie Stricknadeln oder Pinselstiele in unterschiedlichen Größen. Tauchen Sie den Pinselstiel oder die Stricknadel in einen Farbspiegel ein. Setzen Sie anschließend den Stiel senkrecht auf Ihr Holz. Die Farbmenge reicht meist für zwei Punkte aus. Wischen Sie das Ende mit

einem Papiertuch sauber, bevor Sie erneut in den Farbspiegel eintauchen. So werden Ihre Punkte immer schön rund.

✦ Drybrushing

Hier bürsten Sie regelrecht die „trockene" Farbe auf Ihr Motiv. Am besten eignet sich hierfür ein Drybrushpinsel mit einer runden Spitze. Der Pinsel muss vor Gebrauch immer trocken sein, da er die Farbe sonst zu sehr verdünnen würde. Tauchen Sie die Pinselspitze in die gewünschte Farbe. Streichen Sie nun den Pinsel auf einem Papiertuch so lange hin und her, bis Sie das Gefühl haben, dass jetzt keine Farbe mehr im Pinsel ist. Streichen Sie nun mit dem Pinsel über Kanten, stupfen Sie Wangen ab, oder tragen Sie die Linien von Karohosen o.ä. auf. Mit dieser Art von Bemalung lassen sich immer weiche Effekte erzielen.

✦ Nass-in-Nass-Technik

Bei dieser Technik werden zwei oder mehrere Farben nass ineinander gewischt. Tragen Sie dazu die Farben nebeneinander auf, und ziehen Sie die Farben mit dem Pinsel ineinander. Sie müssen dabei zügig oder in Teilschritten arbeiten, damit die Farbe nicht antrocknen kann. Sie erhalten mit dieser Technik weiche Farbübergänge.

✦ Versiegeln

Damit das bemalte Stück später auch feucht abwischbar ist, wird es mit einem transparent matten Sprühlack versiegelt. Den Lack vor Gebrauch bitte gut schütteln!
Figuren für den Garten sollten Sie besser noch mit einem Bootslack versiegeln.

Motive für die Küche

1. Hakenleiste „Kuh"

Eat more chicken!

Material
✦ Leimholz, 18 mm stark
✦ Sperrholz, 6 mm stark
✦ Schleifpapier 80er und 120er
✦ Holzleim
✦ Bastelfarben in Altrosa, Rost, Grün, Braun und Schwarz
✦ Beize in Grün und Braun
✦ Bohrer in 2,5 mm
✦ Gelstift in Schwarz
✦ Naturbast
✦ Draht
✦ 2 Messinghaken
✦ Sprühlack

Anleitung
Übertragen Sie die Konturen von der Kuh wie in der Grundanleitung beschrieben auf Ihre Holzplatte, und sägen Sie die Form aus. Glätten Sie die Seiten, und brechen Sie die Kanten. Befestigen Sie von hinten am Körper einen Nagel und binden darum eine Drahtöse als Aufhänger. Fertigen Sie das Schild aus der dünnen Holzplatte. Bohren Sie die Löcher für die Draht-Aufhängung in das Schild, und grundieren Sie dieses mit der grünen Beize (siehe unter Maltechniken in der Grundanleitung). Malen Sie mit der braunen Beize hier und da auf den noch nassen grünen Untergrund. Nach dem Trocknen wird der Schriftzug mit dem Gelstift geschrieben. Bemalen Sie die Füße, die Ohren und die Flecken mit der schwarzen Bastelfarbe.

Die Hörner und das Maul werden mit Altrosa bemalt. Stupfen Sie die Wangen nach dem Trocknen mit der Farbe Rost ab. Malen Sie nun die Konturen, Augen und Nasenlöcher mit dem Gelstift auf die Kuh, und drehen Sie die Haken von unten in das Holz. Versiegeln Sie die fertig montierte Hakenleiste mit Sprühlack. Zum Schluss wird noch die Bastschleife angebracht und das Schild um den Hals gehängt.

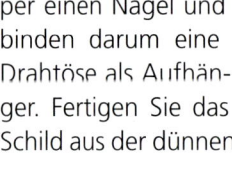
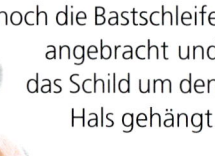

2. Tassenständer „Kuh"

Jederzeit griffbereit.

Material

- ✦ Leimholz, 18 mm stark
- ✦ Sperrholz, 6 mm stark
- ✦ 1 Rundholz, 20 mm, 30 cm lang
- ✦ 1 Holzrad, Ø 14 cm
- ✦ 1 Holzdübel, 8 mm
- ✦ Schleifpapier 80er und 120er
- ✦ Holzleim
- ✦ Bastelfarben in Altrosa, Rost und Schwarz
- ✦ Gelstift in Schwarz
- ✦ 4 Messinghaken
- ✦ 1 Schraube
- ✦ Papierband in Blau
- ✦ Bohrer in 2,5 mm und 8 mm
- ✦ Sprühlack

Anleitung

Übertragen Sie die Konturen von der Kuh wie in der Grundanleitung beschrieben auf Ihre Holzplatte, und sägen Sie die Formen aus. Der Kopf und die Füße werden zweimal ausgesägt. Schleifen Sie die Ränder glatt, und brechen Sie die Kanten. Bohren Sie mit dem 8-mm-Bohrer die Verbindungslöcher zwischen der Kuh und dem Rundholz.

Malen Sie die Flächen in den entsprechenden Farben aus, und brushen Sie die Wangen mit Rost. Tragen Sie die Gesichtskonturen mit dem Gelstift auf.

Leimen Sie die Köpfe und die Füße an den Körper und den Dübel in die Bohrlöcher.

Drehen Sie die Haken in die zuvor gebohrten Löcher im Rundholz etwas versetzt ein. Nun schrauben Sie das Holzrad von unten gegen das Rundholz. Versiegeln Sie die Farben mit Sprühlack, und befestigen Sie beidseitig die Schleifen aus dem Papierband.

3. Serviettenständer

Ein praktischer Aufbewahrungsort für Ihre Servietten zur Grillparty im Freien, denn die spezielle Halterung lässt diese im Wind nicht wegfliegen.

Material

✦ Leimholz, 18 mm stark
✦ Rundholz, 8 mm, 26 cm lang
✦ 2 Rohholz-Kugeln, 30 mm, halb gebohrt
✦ Schleifpapier 80er und 120er
✦ Holzleim
✦ Bastelfarbe in Elfenbein
✦ Beize in Blau und Grün
✦ Sprühlack

Anleitung

Übertragen Sie die Konturen vom Serviettenständer wie in der Grundanleitung beschrieben auf Ihre Holzplatte, und sägen Sie die Form aus. Damit das Holz nicht bricht, sägen Sie am besten zuerst den Schlitz für den Haltestab aus. Glätten Sie die Seiten mit dem Schleifpapier grober Körnung, und brechen Sie die Kanten.

Beizen Sie die Teile in den entsprechenden Farben und lassen sie gut trocknen.

Brushen Sie mit Elfenbein über die Kanten, das Rundholz und über die Kugeln. Leimen Sie nun die Einzelteile zusammen. Hier empfiehlt es sich, Schraubzwingen einzusetzen. Schieben Sie den Stab durch den Schlitz, und leimen Sie die Endkugeln fest. Versiegeln Sie die Farben mit dem Sprühlack.

4. Handtuchhalter „Schwein"

… natürlich kann man auch vieles andere anhängen oder abstellen.

Material

✦ Leimholz, 18 mm stark
✦ Sperrholz, 6 mm stark
✦ 1 Leiste, 30 cm lang, 10 x 5 mm
✦ 4 halbe Holzkugeln, 35 mm
✦ 3 Holzknöpfe
✦ Schleifpapier 80er und 120er
✦ Holzleim
✦ Kraftkleber
✦ 6 kleine Nägel
✦ Bastelfarben in Elfenbein, Altrosa und Braun
✦ Draht in zwei verschiedenen Stärken
✦ Bohrer in 2 mm
✦ Spritzsieb
✦ Gelstift in Schwarz
✦ Sprühlack

Anleitung

Übertragen Sie die Konturen von Schwein und Schild wie in der Grundanleitung beschrieben auf Ihre Holzplatte, und sägen Sie die Formen aus. Die Regalplatte wird aus der 6 mm starken Sperrholzplatte gesägt. Glätten Sie die Seiten, und brechen Sie die Kanten. Bohren Sie die Löcher für die Drahtverbindungen der Füße und des Schwänzchens sowie des Regalboden oberhalb der halben Holzkugeln.

Bemalen Sie alle Teile mit der Farbe Altrosa, und lassen Sie sie trocknen. Die Ziernaht auf dem Schild wird mit Elfenbein aufgetragen. Schmirgeln Sie die Kanten leicht ab, und brushen Sie diese mit einem Hauch Braun.

Beim Regalbrett und den Holzknöpfen werden die Kanten etwas stärker mit Elfenbein gebrusht (siehe hierzu unter Maltechniken in der Grundanleitung).

Die Pünktchen auf dem Schwein und dem Schild erzeugen Sie, indem Sie mit einer Zahnbürste und verdünnter brauner Farbe über ein Spritzsieb streichen. Bemalen Sie nun das Gesicht mit dem Gelstift.

Für den Schwanz nehmen Sie einen dicken Draht doppelt, verdrehen diesen und wickeln ihn anschließend über einen Bleistift. Befestigen Sie den Draht mit ein wenig Kraftkleber in dem Bohrloch. Um die Füße zu befestigen, nehmen Sie den dünnen Draht viermal auf und verdrehen die Stücke miteinander. Stecken Sie die Drähte durch die Bohrlöcher, und verdrehen Sie sie abermals. Die Enden befestigen Sie mit etwas Kraftkleber in den Bohrlöchern der Füße.

Bemalen Sie die Leiste mit Elfenbein, und brushen Sie die Kanten mit Altrosa. Leimen Sie diese nach dem Trocknen von hinten am Schwein und dem Schild fest. Fixieren Sie die Leiste zusätzlich noch mit jeweils 2 kleinen Nägeln. Je ein weiterer Nagel wird ca. 1 cm unterhalb des Bohrloches (Körper) gesetzt. Lassen Sie diesen etwas überstehen. Leimen Sie nun den Regalboden auf das Schwein und befestigen daran die Drahthalterung. Ziehen Sie die Drahtseile durch die Löcher und befestigen die Enden an den Nägeln. Ein weiteres Stück Draht wird für die Aufhängung ebenfalls an den Nägeln befestigt.

Befestigen Sie nun die bemalten Holzknöpfe an dem Schild.

5. Zwiebel-Topf

Praktisch und schön zugleich …

Material
✦ Leimholz, 18 mm stark
✦ Schleifpapier 80er und 120er
✦ Holzleim
✦ Bastelfarbe in Elfenbein
✦ Beize in Blau
✦ Ölmalstift in Grün
✦ Schablone „Efeu"
✦ Kleintier-Draht in Silber
✦ Kleine silberfarbene Nägel
✦ Sprühlack

Anleitung
Übertragen Sie die Konturen vom Zwiebel-topf wie in der Grundanleitung beschrieben auf Ihre Holzplatte, und sägen Sie die Formen aus. Schleifen Sie die Ränder glatt, und brechen Sie die Kanten. Beizen Sie alle Teile in Blau. Brushen Sie die Kanten nach dem Trocknen mit Elfenbein (siehe unter Maltechniken in der Grundanleitung). Schablonieren Sie nun die Rückwand mit der Efeuranke. Da dies mit Ölfarbe geschieht, trocknet sie sehr langsam. Leimen Sie die Holzteile zusammen. Hierbei sind Schraubzwingen sehr hilfreich. Nageln Sie den Kleintier-Draht an einer Seite fest, ziehen ihn straff, und befestigen Sie die beiden anderen Seiten ebenfalls mit einigen Nägeln. Versiegeln Sie die Farben mit dem Sprühlack.

6. Huhn

Ein originelles Accessoire für die Fensterbank in Ihrer Küche.

Material
- ◆ Leimholz, 18 mm stark
- ◆ Schleifpapier 80er und 120er
- ◆ Holzleim
- ◆ 6 kleine Nägel
- ◆ Bastelfarben in Weiß, Gelb und Braun
- ◆ Gelstift in Schwarz, Sprühlack

Anleitung
Übertragen Sie die Konturen vom Huhn wie
in der Grundanleitung beschrieben auf Ihre
Holzplatte, und sägen Sie die Formen aus.
Schleifen Sie die Ränder glatt, und brechen
Sie die Kanten.

Grundieren Sie den Körper mit weißer und
die Füße, den Schnabel und den Kamm mit
gelber Bastelfarbe. Bemalen Sie die Ränder
der gelben Teile mit brauner Farbe, und verwischen Sie sie mit etwas Wasser zur Mitte
hin. Verwenden Sie dafür einen kurzen dickeren Haarpinsel.

Ziehen Sie nach dem Trocknen der Farben
die Konturen mit dem Gelstift nach, und leimen Sie die Teile zusammen. Versiegeln Sie
die Farben mit Sprühlack.

Motive für den Wohnbereich

7. Post-Vogel

Ein zuverlässiger Hüter Ihrer Tagespost, bis Sie Zeit für die Bearbeitung finden.

Material

+ Leimholz, 18 mm stark
+ 2 Rundholzstücke, 8 mm, 5 cm lang (Beine)
+ 1 Rundholzstück, 8 mm, 3 cm lang (Kopf)
+ 1 Rundholzstück, 8 mm, 31,5 cm lang (Schwanz)
+ Gedrahtetes Papierband in Natur
+ Schleifpapier 80er, 120er und 240er
+ Holzleim
+ Bastelfarben in Pastellgelb, Rot, Moosgrün und Braun
+ Draht
+ Bohrer in 2,5 mm und 8 mm
+ Spritzsieb
+ Gelstift in Weiß und Schwarz
+ Sprühlack

Anleitung

Übertragen Sie die Konturen vom Vogel wie in der Grundanleitung beschrieben auf Ihre Holzplatte, und sägen Sie die Formen aus. Glätten Sie die Seiten, und brechen Sie die Kanten. Bohren Sie die Löcher für die Beine und den Schwanz sowie die Löcher für die Drahtverbindungen.

Grundieren Sie den Kopf und den Körper mit der braunen Beize, die Flügel mit der grünen Beize (siehe unter Maltechniken in der Grundanleitung).

Schleifen Sie nach dem Trocknen solange die Flügel mit dem feinen Schleifpapier, bis nur noch wenig Farbe auf dem Holz ist. Beizen Sie die Flügel nun noch mal mit Braun. Beizen Sie das Schild in Grün und schreiben das Wort „Post", nach dem Trocknen, mit dem Gelstift darauf.

Der Schnabelumriss wird mit Braun aufgetragen, der Schnabel und die Füße mit Pastellgelb. Beizen Sie die Flächen mit Braun. Die Pünktchen auf dem Körper, Kopf und Flügeln erzeugen Sie, indem Sie mit brauner Farbe über ein Spritzsieb streichen.

Rougen Sie die Wangen rot, und malen Sie die „Nähte", Nasenlöcher und Augen auf. Die Lichtpunkte werden mit dem Gelstift aufgetragen. Montieren Sie nun den Schwanz, den Kopf und die Beine mit Hilfe der Rundhölzer. Um die Flügel am Körper zu befestigen, formen Sie 4 Drahtstücke zum U, stecken Sie die Enden durch die Bohrlöcher, und verdrehen Sie die Drähte auf der Rückseite miteinander.

8. Gärtner für die Blumenbank

Endlich Sommer, da freut sich nicht nur der kleine Gärtner drüber!

Material

+ Leimholz, 18 mm stark
+ Sperrholz, 6 mm stark
+ 2 Rundholzstücke, 6 mm, 7 cm lang (Arme)
+ 2 Rundholzstück, 6 mm, 5,5 cm lang (Beine)
+ 1 Rundholzstück, 6 mm, 4 cm lang (Kopf)
+ Schleifpapier 80er und 120er
+ Holzleim
+ Bastelfarben in Elfenbein, Gelb, Altrosa, Hellblau, Blau, Rost, Grün, Haut, Braun und Schwarz
+ 1 kleiner Reisigbesen, 1 Holzharke, 1 Strohhut
+ Stoffrest, Naturbast, Hanf
+ Bohrer in 2,5 mm und 6 mm
+ Gelstift in Weiß und Schwarz
+ Sprühlack

Anleitung

Übertragen Sie die Konturen vom Gärtner wie in der Grundanleitung beschrieben auf Ihre Holzplatte, und sägen Sie die Formen aus. Die Grundplatte und das Schild werden aus dem 6mm Sperrholz gesägt. Glätten Sie die Seiten, und brechen Sie die Kanten. Bohren Sie die Löcher für die Arme, den Kopf und die Beine mit dem 6-mm-Bohrer. Verwenden Sie für das Schild den 2,5-mm-Bohrer.
Grundieren Sie den Oberkörper, die Schuhe und die Grundplatte zuerst mit der grünen Beize, anschließend mit der braunen Beize

(siehe unter Maltechniken in der Grundanleitung). Die Hose wird mit Blau grundiert. Nach dem Trocknen werden die Karolinien zuerst in Altrosa aufgebrusht und versetzt daneben in Hellblau.
Bemalen Sie den Kopf mit der Farbe Haut, und lassen Sie diese gut trocknen. Stupfen Sie die Wangen mit Rost ab. Tragen Sie die Konturen vom Gesicht mit den Gelstiften auf. Grundieren Sie nun das Schild und die Gartenhandschuhe mit der Farbe Rost.
Brushen Sie bei dem Schild die Kanten und die Oberfläche leicht mit Elfenbein. Der Schriftzug wird zuerst mit Elfenbein aufgemalt und anschließend mit dem schwarzen Gelstift eingerahmt.
Für die Blümchen auf den Gartenhandschuhen tauchen Sie z. B. eine Stricknadel in die Farbe und setzen diese senkrecht auf das Holz. Die Farbe reicht meist für zwei Pünktchen. Wischen Sie die Nadel am Papiertuch sauber, bevor Sie diese erneut in die Farbe tauchen. So erhalten Sie immer schön runde Pünktchen. Die Ränder werden mit dem weißen Gelstift verziert.
Die Nähte der Weste sowie die Knopflöcher und die Schuhkonturen werden mit dem Gelstift in Schwarz aufgetragen.
Jetzt können die Einzelteile zusammengeleimt und mit Sprühlack versiegelt werden. Schneiden Sie einen Streifen Hanf in kürzere Stücke, und kleben Sie diese am Kopf fest. Fixieren Sie darauf den Hut. Schneiden Sie aus dem Stoff ein Dreieck aus und binden es um den Hals.
Zum Schluss werden die Bastschleifen, das Schild, die Harke sowie der Besen befestigt.

9. „Zaunvogel"

Dieser „Zaunvogel" sieht nicht nur auf der Fensterbank äußerst dekorativ aus – auch als Türstopper eingesetzt, fällt keine Tür mehr ungewollt ins Schloss.

Material
- Leimholz, 18 mm stark
- Sperrholz, 6 mm stark
- 1 Holzleiste, 2 x 1 cm, 95 cm lang
- Schleifpapier 80er und 120er
- Holzleim
- Bastelfarben in Weiß, Pastellgelb, Rosa, Graublau, Grün, Braun und Schwarz
- Gelstift in Schwarz
- Sprühlack

Anleitung

Übertragen Sie die Konturen vom Vogel wie in der Grundanleitung beschrieben auf Ihre Holzplatte, und sägen Sie die Formen aus. Schleifen Sie die Ränder glatt, und brechen Sie die Kanten.

Der Kopf und der Körper werden zunächst mit Graublau grundiert. Brushen Sie nach dem Trocknen auf die Wangen und den Bauch ein wenig Rosa und Weiß auf (siehe unter Maltechniken in der Grundanleitung). Die Flügel, Füße und Schnabel werden mit Pastellgelb grundiert. Nach dem Trocknen werden die Ränder mit Braun ummalt und mit ein wenig Wasser zur Mitte hin verzogen. Verwenden Sie hierfür einen kurz gefassten dickeren Haarpinsel. Die Konturen werden nach dem Ausmalen der Augen mit dem Gelstift nachgezogen. Versiegeln Sie die Farben mit dem Sprühlack.

Für den Zaun sägen Sie aus der Holzleiste für die senkrechten Latten Holzteile von 4 x 15 cm zu. Die oberen Enden spitz zusägen. Für die Querstreben brauchen Sie ein Teil von 20 cm und ein Teil von 15 cm Länge. Leimen Sie die Einzelteile zusammen, wobei diese fächerartig aufgelegt werden. Grundieren Sie den Zaun mit Grün, und brushen

Sie nach dem Trocknen mehrmals mit Elfenbein quer zur Holzstruktur über die Leisten. Sägen Sie nun einen Keil mit dem Maßen 6 cm breit und 10 cm lang zu. Grundieren Sie diesen mit blauer Farbe, und brushen Sie mit Elfenbein über die Kanten. Leimen Sie den Vogel auf den Keil und den Zaun von hinten gegen den Vogel.

10. Hunde-Garderobe

Ein hübscher und stets griffbereiter Aufbewahrungsort.

Material

- ✦ Leimholz, 18 mm stark
- ✦ 2 Figurenkegel, groß
- ✦ Schleifpapier 80er und 120er
- ✦ Holzleim
- ✦ Bastelfarben in Gelb, Grün, Braun und
  Schwarz
- ✦ Naturbast
- ✦ Gelstift in Schwarz
- ✦ Sprühlack

Anleitung

Übertragen Sie das Motiv auf Ihre Holzplatte, und sägen Sie die Form aus. Glätten
Sie die Seiten mit dem
Schleifpapier
grober Kör-
nung, und

brechen Sie die Kanten. Beizen Sie den
Hund und die Figurenkegel in Braun. Setzen Sie mit brauner Farbe Akzente auf den
Schwanz, das Ohr, Bauch und Beine, und
vermalen Sie diese mit der noch nassen
Beize. Grundieren Sie die Grasfläche nach
dem Trocknen der Beize mit Grün und wischen in der Nass-in-Nass-Technik etwas
Gelb hinein.

Ziehen Sie die Konturen sowie den Mund
und das Auge mit dem Gelstift nach und
malen Sie die Nase mit schwarzer Farbe aus.
Schleifen Sie nun teilweise die Farbe von
den Kanten, sowie auch an einigen Stellen
auf dem Gras.

Beizen Sie diese Flächen noch mal mit stark
verdünnter brauner Farbe nach.

Zum Schluss leimen Sie die Figurenkegel
an. Fixieren Sie die Farben mit Sprühlack,
und binden Sie ein Bastbändchen um den
Hals.

11. Mädchen mit Springseil

Einundzwanzig, zweiundzwanzig, dreiund-
zwanzig …

Material
+ Leimholz, 18 mm stark
+ Rundholz, 8 mm
+ Schleifpapier 80 und 120er
+ Holzleim
+ Bastelfarben in Weiß, Altweiß, Altrosa,
  Rot, Hellblau, Haut, Braun und Schwarz
+ Gelstift in Schwarz
+ Naturbast
+ Hanf
+ Gedrahtetes Papierband in Natur
+ Bohrer in 3 mm und 8 mm
+ Sprühlack

Anleitung
Übertragen Sie die Konturen vom Mädchen
wie in der Grundanleitung beschrieben auf
Ihre Holzplatte, und sägen Sie die Formen
aus. Glätten Sie die Seiten, und brechen Sie
die Kanten. Bohren Sie die Löcher für die
Beine und das Springseil. Grundieren Sie alle
Teile mit der verdünnten weißen Bastelfarbe. Nach dem Trocknen glätten Sie die nun
aufgerichteten Holzfasern mit dem feinen
Schleifpapier. Bemalen Sie nun das Kleid
mit Altweiß und Hellblau und die Schuhe in
Altrosa. Das Muster entsteht durch zwei
Halbkreise in Blau und Grün und einem Tup-
fer Rosa. Rougen Sie die Wangen mit Rot in
der Drybrush-Technik (siehe unter Maltechniken in der Grundanleitung).
Malen Sie nun das Gesicht auf. Der Mund
und die Nase sowie der Augenumriss werden mit dem Gelstift aufgetragen, die Som-
mersprossen mit brauner Farbe. Nach dem
Trocknen beizen Sie alles mit Braun über
(siehe unter Maltechniken in der Grundan-

leitung). Leimen Sie nun die Rundhölzer in
die Bohrlöcher. Zum Schluss werden die
Haare, die Bastschleifen und das Springseil
befestigt.

Motive für das Kinderzimmer

12. Nasch-Regal

Lecker, lecker …

Material
- ✦ Leimholz, 18 mm stark
- ✦ Schleifpapier 80er und 120er
- ✦ Holzleim
- ✦ Kraftkleber
- ✦ Bastelfarben in Rot und Haut
- ✦ Beize in Hellblau und Braun
- ✦ Gelstift in Schwarz
- ✦ Papierband, 5 cm breit
- ✦ 2 Metallwinkel, 10 x 10 cm
- ✦ 2 Bilderhaken aus Metall
- ✦ Sprühlack

Anleitung
Übertragen Sie die Konturen wie in der Grundanleitung beschrieben vom Vorlagebogen auf Ihre Holzplatte, und sägen Sie die Formen aus. Der Regalboden hat die Maße 40 x 16 cm, die vorderen Ecken werden wie bei der Regalrückwand abgerundet. Glätten Sie die Seiten, und brechen Sie die Kanten. Grundieren Sie die Regalteile mit hellblauer Beize, das Haar mit brauner Beize (siehe unter Maltechniken in der Grundanleitung), und lassen Sie die Aufträge gut trocknen. Anschließend werden das Gesicht und die Hände mit der hautfarbenen Bastelfarbe grundiert. Nachdem die Farbe trocken ist, brushen Sie die Wangen etwas mit Rot (siehe unter Maltechniken in der Grundanleitung) und ziehen die Gesichtskonturen mit dem Gelstift nach. Die Zunge wird rot ausgemalt. Leimen Sie die Regalteile zusammen und fixieren die Hände. Versiegeln Sie die Farben mit Sprühlack. Befestigen Sie zur Stabilität die Winkel, und bringen Sie die Bilderhaken von hinten an. Binden Sie das Papierband zur Schleife und fixieren es mit Kraftkleber im Haar.

13. Messleiste „Teddy"

So groß bin ich schon!

Material
+ Leimholz, 18 mm stark
+ Sperrholz, 6 mm stark
+ 1 Holzbrett, 100 x 18 mm, 1 m lang
+ 2 Leistenstücke, 20 x 2 mm, 6 cm lang (Verbindung von Teddy und Leiste)
+ Schleifpapier 80er und 120er
+ Holzleim
+ Bastelfarben in Weiß, Gelb, Altrosa und Graublau
+ Beize in Altrosa und Braun
+ Gelstift in Schwarz und Weiß
+ Paketband
+ Bohrer in 2,5 mm
+ Sprühlack

Anleitung
Übertragen Sie die Konturen vom Teddy wie in der Grundanleitung beschrieben auf Ihre Holzplatte, und sägen Sie die Formen aus. Der kleine Teddy wird aus Sperrholz gesägt. Schleifen Sie die Ränder glatt, und brechen Sie die Kanten. Bohren Sie die Löcher in den Teddyhänden. Beizen Sie die

Leiste in Altrosa (siehe unter Maltechniken in der Grundanleitung), und zeichnen Sie nach dem Trocknen die Maßeinheit mit dem Gelstift ein.
Beizen Sie die beiden Teddys in Braun, und grundieren Sie anschließend das Kleid in den entsprechenden Farben. Nach dem Trocknen der Farben werden die Pünktchen in Weiß und Gelb aufgetragen (siehe unter Maltechniken in der Grundanleitung). Malen Sie die Gesichter, Konturen und Nähte mit dem Gelstift.
Leimen Sie nun den Teddy auf die Leiste, und sichern Sie diese Verbindung zusätzlich mit den Leistenstücken. Fädeln Sie die Paketschnur durch die Bohrlöcher, und verknoten Sie die Enden. Je größer das Kind wird, desto weiter ziehen Sie die Schnur durch die Hände der Teddymutter. Der kleine Teddy hängt dann bei der jeweiligen Größe des Kindes. Befestigen Sie die Leiste auf der von Ihnen ausgezeichneten Wandhöhe.

Motive für den Garten

14. Hase

Am schönsten präsentiert sich dieser Hase vor einem grünen Hintergrund im Garten.

Material

- ✦ Leimholz, 18 mm stark
- ✦ Schleifpapier 80er und 120er
- ✦ Holzleim
- ✦ Kraftkleber
- ✦ Bastelfarben in Elfenbein, Braun und Schwarz
- ✦ Beize in Braun
- ✦ Spritzsieb
- ✦ Gelstift in Weiß und Schwarz
- ✦ Draht für die Barthaare
- ✦ Papierband in Blau, 5 cm breit
- ✦ Bohrer in 1 mm und 8 mm
- ✦ Holz- oder Metallstab, 8 mm
- ✦ Sprühlack

Anleitung

Übertragen Sie die Konturen vom Hasen wie in der Grundanleitung beschrieben auf Ihre Holzplatte, und sägen Sie die Formen aus. Schleifen Sie die Ränder glatt, und brechen Sie die Kanten.
Bohren Sie ein Loch für den Erdstab unterhalb des Hasen und mit dem 1-mm-Bohrer drei Löcher für die Barthaare. Beizen Sie den Hasen in Braun (siehe in der Grundanleitung unter Maltechniken).
Heben Sie die Körperteile voneinander ab, indem Sie diese mit der braunen Bastelfarbe eingrenzen und mit Wasser zu einem weichen Übergang verwischen. Verwenden Sie für das Verwischen einen Borstenpinsel. Brushen Sie mit Elfenbein Lichtakzente in die Ohren, Schnauze, Brust, Füße und Schwanz (siehe in der Grundanleitung unter Maltechniken). Auge und Nase werden mit der schwarzen Bastelfarbe ausgemalt, die Lidfalten zuerst mit dem weißen, anschließend mit dem schwarzen Gelstift gezogen.
Nach dem Trocknen aller Farben verspritzen Sie ein wenig leicht verdünnte Farbe über die Oberfläche (siehe in der Grundanleitung unter Maltechniken).
Versiegeln Sie die Farben 2 bis 3 mal mit Sprühlack, und kleben Sie die Barthaare fest. Drehen Sie das Papierband zur Kordel und befestigen sie diese am Hals. Binden Sie aus dem Rest eine Schleife, und fixieren Sie diese an der Kordel.

29

15. Katze

Ein schöner Hingucker für die Rasenfläche.

Material
- Leimholz, 18 mm stark
- Schleifpapier 80er und 120er
- Holzleim
- Kraftkleber
- Bastelfarben in Rost und Schwarz
- Gelstift in Weiß und Schwarz
- Draht für die Schnurr-haare
- Bohrer in 1 mm
- Juteband
- Sprühlack

Anleitung
Übertragen Sie die Konturen von der Katze wie in der Grundanleitung beschrieben auf Ihre Holzplatte, und sä-gen Sie die Formen aus. Schleifen Sie die Ränder glatt, und brechen Sie die Kanten. Bohren Sie die Löcher für die Schnurrbart-haare. Grundieren Sie zunächst die entsprechenden Flächen mit Schwarz, und leimen Sie die einzelnen Teile nach dem Trocknen zusammen. Die Trennlinie zwischen den Vorderpfoten wird mit dem weißen Gelstift, die Augen und der Mund mit dem schwarzen Gelstift gezogen. Malen Sie die Pupillen und die Nase mit schwarzer Bastelfarbe aus, und rougen Sie die Wangen ganz leicht mit der Farbe Rost. Versiegeln Sie die Farben 2 bis 3 mal mit Sprühlack, und kleben Sie die Schnurr-haare fest. Binden Sie um den Hals das Juteband zur Schleife.

16. Vogel

Stolz schreitet dieser Gartenbewohner über die Rasenfläche.

Material

- ✦ Leimholz, 18 mm stark
- ✦ Sperrholz, 6 mm stark
- ✦ 2 Rundhölzer, 30 cm lang
- ✦ Schleifpapier 80er und 120er
- ✦ Holzleim
- ✦ Bastelfarben in Weiß, Braun und Schwarz
- ✦ Beize in Gelb, Rot, Blau, Grün, Braun
- ✦ Gelstift in Schwarz und Weiß
- ✦ Sprühlack

Anleitung

Übertragen Sie die Konturen vom Vogel, den Flügeln und den Füßen wie in der Grundanleitung beschrieben auf Ihre Holzplatte, und sägen Sie die Formen aus. Schleifen Sie die Ränder glatt, und brechen Sie die Kanten. Bohren Sie zuerst die Löcher für die Beine in den Körper, stecken Sie die Rundhölzer hinein, und ermitteln Sie nun die Position der Löcher für die Füße. Beizen Sie die Flächen in den entsprechenden Farben, wobei Sie angrenzende Farbflächen immer trocknen lassen. Dass die Farben trotzdem ein wenig ineinander laufen, lässt sich nicht vermeiden, wirkt sich hier aber durchaus positiv aus. Ziehen Sie die grüne Beize am Kopf ein wenig über die gelben Federspitzen. Tragen Sie ein wenig braune Beize über die Flügel und den Schnabel auf.

Verwischen Sie diese mit einem Borstenpinsel und Wasser. Malen Sie die Ränder der Füße braun, und ziehen Sie diese Farbe mit viel Wasser zur Fußmitte hin. Ziehen Sie die Konturen vom Schnabel und der Augen mit dem schwarzen Gelstift, die Lichtpunkte sowie die Trennlinie zwischen den Pupillen mit dem weißen Gelstift. Leimen Sie nun die Beine und die Flügel zusammen.

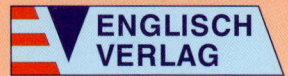